Mit Senf

aromatisch kochen

G. Poggenpohl

Mit Senf
aromatisch kochen

EDITION XXL

Vorwort

Als mich meine Verlegerin anrief und mir den Vorschlag unterbreitete, dass ich ein Senfkochbuch machen sollte, dachte ich zuerst: Was, ein ganzes Kochbuch mit Senf?!

Jetzt, nachdem das Buch fertig ist, kann ich sagen: Mit Senf kann man toll kochen! Allein den Senf selber zu machen, ist schon eine besondere Sache. Es sind so viele Variationen möglich, dass man über das Herstellen von Senf ein eigenes Buch schreiben könnte. Dann noch die vielen Rezepte, in denen ganze Senfkörner, Senfmehl, Senfpasten und Senfbeizen zur Anwendung kommen. Eine solche Vielfalt hätte ich nicht erwartet. Aber bekanntlich lernt man ja nie aus.

Wenn Sie bedenken, dass Senf die Speisen wesentlich bekömmlicher macht, dann werden Sie verstehen, dass ein Esslöffel Senf in fast jedes Gericht gehört. Gerade schwer verdauliche Nahrung wie z. B. Gurken, Tomaten, Hülsenfrüchte, Fleisch oder fetter Fisch werden mit Senf viel bekömmlicher.

Lassen Sie sich in die Welt des Senfs entführen, genießen Sie mit mir aufregend leckere und manchmal auch scharfe Rezepte. Ich bin sicher, dass Sie Rezepte finden, die Sie unbedingt für Ihre Bekannten oder Freunde kochen möchten.

Ihr G. Poggenpohl

Inhalt

Ratgeber

Es gibt verschiedene Senfarten; sie gehören alle zur Familie der Kreuzblütler. Insbesondere drei Arten werden zum Würzen verwendet. Die Pflanzen sind einjährig und wachsen zwischen 80 cm bis 2,5 m hoch. Aus den in Doldentrauben angeordneten, kleinen gelben Blüten entwickeln sich 3 cm lange Schoten, die je 2 bis 3 kugelige Samen enthalten. Die Samen des schwarzen Senfs sind schwarz-braun bis schwarz gefärbt, die Samen des weißen Senfs gelblich-weiß und die Samen des Sareptasenfs (Indischer Senf) rötlich-violett bis braun.

Bereits vor langer Zeit entdeckte der Mensch den Senf als Gewürz und zur Herstellung als Medizin. Das Senfkorn schmeckt zunächst nicht scharf. Erst wenn man es zerkaut, setzt das Myrosin in Verbindung mit Flüssigkeit die Schärfe frei. Schon sehr früh in der Geschichte wurde das zerstoßene Senfmehl mit Essig und Wasser angerührt, um daraus eine Senfpaste zu machen. Um die Schärfe des Senfs zu bekommen, muss man die Senfkörner mahlen und dann mit Flüssigkeit vermischen (sog. maischen).

Der Senf verliert sehr schnell seine Schärfe. Wenn er dann noch zu warm gelagert wird, erfolgt dies sogar noch schneller. Schon eine Lagerung bei Raumtemperatur hat zur Folge, dass nach 3 Monaten nicht einmal mehr eine mittlere Schärfestufe vorzufinden ist. Sie sollten daher darauf achten, den Senf möglichst kühl zu lagern. Da Senf so wärmeempfindlich ist, sollten Sie beim Kochen von zum Beispiel Rouladen, Senfkrusten usw. einen scharfen Senf verwenden. Er wird durch das Erhitzen sehr viel milder.

Macht Senf dumm? Hier kann man ganz klar Nein sagen! Diese Aussage beruht auf einer Fehlinformation. Die Wissenschaft benutzt oft Begriffe, die nicht immer richtig zugeordnet werden können, wie zum Beispiel cyanogene Senföle. Dieser Blausäure bildende, giftige Stoff kann unser Gehirn nachhaltig schädigen. Aber cyanogene Senföle kommen im Senf überhaupt nicht vor! Die im Senf vorkommenden Senföle haben positive, stimulierende Eigenschaften, sie fördern den Speichelfluss, die Magensaftproduktion und damit unsere Verdauung. Fette Speisen werden durch Senf viel besser verdaulich.

Bei den Arbeiten an diesem Buch habe ich festgestellt, dass es gar nicht so einfach ist, Senfmehl zu bekommen! Deshalb habe ich weiße Senfkörner in einer Kaffeemühle selber gemahlen. Dasselbe gilt auch für schwarze Senfkörner. Hier war es sogar so, dass ich diese Körner nur auf dem Markt an einem Gewürzstand und in der Apotheke erstand. In den Rezepten habe ich nur weiße Senfkörner oder Mehl davon verwendet.

Ich kann Ihnen nur empfehlen, sich Ihren Senf selbst herzustellen. Er schmeckt um ein Vielfaches besser als der gekaufte. Zum anderen ist mir aufgefallen, dass, wenn man gekauften Senf zum Kochen verwendet, die Speise sehr salzig schmeckt.

Normale Senfpaste herzustellen, ist sehr einfach und geht auch schnell. Senfpaste ist im Kühlschrank lange haltbar. Natürlich kann man auch sehr extravaganten Senf machen, der dann natürlich mehr Zeit zur Herstellung benötigt. Sie können den Geschmack des Senfs mit Flüssigkeiten wie zum Beispiel Wein, Bier, verschiedenen Säften, Brühe und speziell her-gestellten Flüssigkeitsmischun-gen variieren. Aber auch Zutaten wie Knoblauch, Kräuter, Nüsse, Früchte oder andere Gewürze geben dem Senf immer wieder eine neue Note.

In England ist es seit langem üblich, Senf selber zu machen. Dort werden auch sehr viele Senfmischungen angeboten. Diese Mischungen werden dann mit den verschiedensten Flüssigkeiten angerührt und mit anderen Zutaten verfeinert. In Deutschland gibt es diese fertigen Senfmischungen nur in sehr wenigen Geschäften.

Senf selber machen

Grober Senf mit ganzen Körnern

Zutaten

100 g weiße Senfkörner
1 TL weißes Senfmehl
100 ml Weißweinessig
50 ml trockener Weißwein

1 EL Olivenöl
1 Schalotte
1 EL Honig
1 EL Meersalz

Zubereitung

1. Die Senfkörner in eine Schüssel geben, mit dem Weißweinessig und dem Weißwein übergießen und ca. 24 Stunden ziehen lassen.

2. Am nächsten Tag:
Die Schalotte abziehen und fein hacken. Die Schalotte mit dem Senfmehl, dem Meersalz und dem Honig zu den Senfkörnern geben und alles miteinander verrühren.

3. Es sollte eine breiige Masse entstehen. Zum Schluss das Olivenöl unterrühren.

In einem verschlossenen Glas hält sich dieser Senf bis zu 6 Monate.

Grober Senf mit Honig (süßer Senf)

Zutaten

100 g weiße Senfkörner
1 TL weißes Senfmehl
100 ml Weißweinessig
50 ml lieblicher Weißwein

1 Schalotte
3 EL cremiger Honig
1 EL brauner Zucker
1 EL Meersalz

Zubereitung

1. Die Senfkörner in eine Schüssel geben, mit dem Weißweinessig und dem Weißwein übergießen und ca. 24 Stunden ziehen lassen.

2. Am nächsten Tag:
Die Schalotte abziehen und fein hacken. Die Schalotte mit dem Senfmehl, dem Meersalz, dem Zucker und dem Honig zu den Senfkörnern geben und alles verrühren.

3. Mit einem Pürierstab das Ganze grob zerkleinern, sodass eine breiige Masse entsteht.

In einem verschlossenen Glas hält sich dieser Senf ca. 6 Monate.

Senf selber machen

Feiner Senf

Zutaten

100 g weiße Senfkörner
150 ml weißer Traubensaft
50 ml heller Essig
1 EL Öl
1 EL Meersalz

Zubereitung

1. Die Senfkörner in einer Mühle zweimal mahlen und durch ein feines Sieb geben.

2. Das Senfmehl in eine Schüssel streuen und mit dem Traubensaft, dem Essig, dem Öl und dem Salz zu einer glatten Creme verrühren.

Sollte die Senfcreme noch zu fest sein, so fügen Sie etwas Traubensaft hinzu.

Mittelscharfer Senf

Zutaten

100 g weiße Senfkörner
150 ml Weißweinessig
50 ml Wasser
1 EL brauner Zucker
1 TL Meersalz
1 Nelke

1 Lorbeerblatt
4 Pimentkörner
1 Zwiebel
2 Knoblauchzehen
1 EL Olivenöl

Zubereitung

1. Den Senf in einer geeigneten Mühle mahlen. Die Zwiebel und die Knoblauchzehen abziehen und hacken. Die Pimentkörner zerdrücken.

2. Das Öl in einem Topf erhitzen und die Zwiebel und die Knoblauchzehen darin anschwitzen. Den Zucker darüber streuen und ihn schmelzen lassen. Mit dem Weißweinessig und dem Wasser ablöschen. Die Gewürze außer dem Senfmehl zugeben und alles aufkochen.

3. Bei mäßiger Hitze 8 bis 10 Minuten köcheln lassen. Dann die Flüssigkeit durch ein Sieb in eine Schüssel abgießen und mit dem Senfmehl verrühren. Es sollte sich eine cremige Masse bilden.

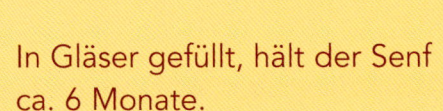

In Gläser gefüllt, hält der Senf ca. 6 Monate.

Senf-Variationen

Bärlauch-Senf

100 g weiße Senfkörner
10 g schwarze Senfkörner
3 Bund Bärlauch
1 TL gemahlener Ingwer
70 g Zucker
½ TL Salz
150 ml Weißweinessig
100 ml Weißwein

1. Die Senfkörner fein mahlen. Den Bärlauch waschen und fein hacken. Den Ingwer, den Zucker und das Salz zum Senfmehl dazugeben.

2. Den Essig mit dem Wein aufkochen und die siedende Flüssigkeit unter Rühren zur Senfmischung geben. Dann den Bärlauch darunter mischen.

3. Den Senf in Gläser abfüllen und ca. 2 Wochen ziehen lassen.

Deutscher Senf

100 g weiße Senfkörner
½ TL Meersalz
10 g gemahlener Zimt
5 g gemahlene Nelken
100 g Zucker
ca. 250 ml Speiseessig

1. Die Senfkörner mahlen und durch ein Sieb geben. Alle Zutaten miteinander vermischen und mit dem Essig aufgießen, sodass eine breiartige Masse entsteht.

2. Das Ganze etwas ziehen lassen, bis das Senfmehl quillt. Eventuell müssen Sie noch etwas Flüssigkeit hinzugeben.

Düsseldorfer Senf

50 g schwarze Senfkörner
100 g weiße Senfkörner
200 ml kochendes Wasser
50 ml Weinessig
5 g gemahlener Zimt
3 g gemahlene Nelken
100 g Zucker
50 ml Weißwein

Den Senf mahlen und sieben. Alle Zutaten miteinander vermischen und in Gläser füllen.

Französischer Senf

100 g weiße Senfkörner
250 ml trockener Weißwein
100 g Zucker
10 g geriebene Zitronenschale
10 g gemahlene Nelken
3 g gemahlener Ingwer
1 g Vanillepulver

Den Senf mahlen und sieben. Den Wein erhitzen und den Zucker darin auflösen. Alle Zutaten vermischen und den noch heißen Wein zugeben.

Sollte der Senf zu dick geworden sein, so rühren Sie noch etwas Weinessig oder leichten Wein dazu.

Französischer Senf (Le Normand's)

100 g weiße Senfkörner
15 g frische Petersilie
15 g frischer Kerbel
15 g frischer Estragon
15 g frische Sellerie
1 Zwiebel
1 Knoblauchzehe
12 Sardellenfilets (Anchovis)
250 ml Cidre, etwas Essig

1. Die Kräuter abbrausen, ausschütteln und grob zerkleinern. Die Zwiebel, den Knoblauch und den Sellerie schälen.

2. Alle Zutaten in einer Küchenmaschine zerkleinern. Den Senf mahlen und mit dem Cidre und den übrigen Zutaten vermischen. Den fertigen Senf in Gläser füllen und mit etwas Essig bedecken.

Most-Senf

100 g weiße Senfkörner
20 g schwarze Senfkörner
je 1 Messerspitze gemahlener Kardamom, gemahlene Muskatnuss, gemahlene Nelken, gemahlener Zimt, gemahlener Ingwer
100 g Meerrettichwurzel
1 l Traubenmost
50 g Zucker

1. Den Meerrettich schälen und fein reiben. Den Most mit dem Zucker, den Gewürzen und dem Meerrettich auf die Hälfte einkochen.

2. Die Senfkörner mahlen und sieben. Den eingekochten Most abseihen und mit dem Senfmehl vermischen.

Senf-Variationen

Honig-Senf

100 g weiße Senfkörner
40 g Honig (eine cremige Sorte)
1 EL Sonnenblumenöl
1 TL Obstessig
1 Prise Salz
heißes Wasser

Den Senf mahlen, durchsieben und dann mit dem Honig, dem Sonnenblumenöl, dem Obstessig und dem Salz verrühren. Ist die Masse zu fest geworden, so wird noch etwas heißes Wasser bis zur richtigen Konsistenz dazugerührt.

Der fertige Senf wird in Gläser abgefüllt und kann im Kühlschrank 4 Monate aufbewahrt werden.

Kräuter-Senf

Menge für ungefähr
3 Marmeladengläser:
1 Zwiebel, 2 Knoblauchzehen
1 Lorbeerblatt
je 1 EL frischer Majoran, Salbei, Thymian und Estragon
500 ml Weißweinessig
100 ml Wasser
350 g weißes Senfmehl
3 EL brauner Zucker
½ TL Nelkenpulver
½ TL Zimt
½ TL Korianderpulver

1. Die Zwiebel schälen und fein hacken. Den Knoblauch schälen, vierteln und zusammen mit dem Lorbeerblatt, Majoran, Salbei, Thymian und Estragon in eine Porzellanschüssel geben und mit dem Weißweinessig übergießen. Das Senfmehl mit dem Zucker, dem Nelkenpulver, dem Zimt und dem Korianderpulver zugeben, quellen lassen, bis eine cremige Masse entstanden ist.

2. Den Senf in Schraubgläser abfüllen. Kühl aufbewahren. Vor Gebrauch 1 Monat lagern, dann hat der Senf seinen vollen Geschmack entwickelt.

Moutarde des Jésuites

6 Sardellen
50 g Kapern
500 ml Weinessig
300 g weißes Senfmehl

Die Sardellen und Kapern fein hacken und so zerdrücken, dass ein Mus entsteht. Den Essig kochen und das Senfmehl einrühren. Etwas quellen lassen, dann das Sardellen-Kapernmus unterrühren.

Meerrettich-Senf

200 g weißes Senfmehl
200 ml Kräuter-Weinessig
200 ml Wasser
1 Meerrettichwurzel
2 Äpfel
1 EL Zitronensaft
3 EL Zucker
1 TL Salz

1. Das Wasser mit dem Essig kurz aufkochen und das Senfmehl einrühren. Ist alles gemischt, lässt man die Masse abkühlen.

2. Danach gibt man die geschälte, fein geriebene Meerrettichwurzel und die geschälten und geriebenen Äpfel sowie die restlichen Zutaten dazu.

3. Alles gut vermischen und in Gläser abfüllen.

Orangen-Pfeffer-Senf

200 g weißes Senfmehl
200 ml Kräuter-Weinessig
100 ml Wasser
5 EL Orangenkonfitüre
1 abgeriebene Orangenschale
1 TL Zitronensaft
2 EL grüne Pfefferkörner
1 TL Salz
3 EL Cognac
4 EL Sonnenblumenöl

1. Alle Zutaten, außer Sonnenblumenöl und Cognac, vermischen. Über Nacht offen stehen lassen.

2. Am nächsten Tag gibt man Öl und Cognac dazu, rührt alles nochmals gut durch und füllt den Senf in Gläser ab.

Paprika-Senf

200 g weißes Senfmehl
200 ml Kräuter-Weinessig
200 ml Wasser
2 EL edelsüßer Paprika
6 EL Honig
3 EL Sherry
3 EL Sonnenblumenöl

1. Den Essig und das Wasser aufkochen. Die Flüssigkeit über das Senfmehl gießen, verrühren und quellen lassen.

2. Dann gibt man die restlichen Zutaten dazu, mischt gut durch und füllt in Gläser ab.

Senfgrundsoßen

Zutaten

500 ml Milch
1 EL weiße Senfkörner
1 Zwiebel
2 Wacholderbeeren
1 Lorbeerblatt
1 Nelke

20 g Butter
20 g Mehl
3 EL mittelscharfer Senf
Salz
Pfeffer

Zubereitung

1. Die Senfkörner mahlen.

2. Die Zwiebel schälen und in Ringe schneiden.

3. Die Wacholderbeeren zerdrücken.

4. Die Milch in einem Topf erhitzen, das Senfmehl, die Zwiebel, die Wacholderbeeren, das Lorbeerblatt und die Nelke hinzugeben, aufkochen und etwa 15 Minuten knapp unter dem Siedepunkt ziehen lassen. Dann die Milch durch ein feines Sieb in ein Gefäß abschütten.

5. Die Butter in einem Topf schmelzen, das Mehl darüber stäuben und anschwitzen. Unter Rühren die Gewürzmilch dazugeben, aufkochen und mit dem Senf, Salz und Pfeffer abschmecken.

Diese Soße schmeckt sehr gut zu feinem Fleisch und Fischgerichten.

Feine Senfsoße

Senfgrundsoßen

Zutaten

20 g Butter
20 g Mehl
500 ml Brühe
1 EL mittelscharfer Senf

1 EL scharfer Senf
Salz
Pfeffer

Zubereitung

1. Die Butter in einem Topf schmelzen, das Mehl darüber stäuben und anschwitzen. Unter Rühren die Brühe zugeben, aufkochen und mit dem Senf, Salz und Pfeffer abschmecken.

2. Die Grundsenfsoße wird mit der Brühe variiert. Sie können hier je nach Geschmack Hühnerbrühe, Fischbrühe, Fleischbrühe oder Gemüsebrühe verwenden. Durch Zugabe verschiedener Zutaten zu der Soße machen Sie aus der Grundsoße eine eigenständige Soße. Verwenden Sie z. B. Schnittlauch, Dill, frische oder eingelegte Pfefferkörner dazu.

Diese kräftige Senfsoße passt gut zu Gemüse, Eiern, Fisch, Fleisch usw.

Grundsenfsoße

Rezepte mit fertigem Senf

Zutaten

200 g Räucherlachs
200 g Zucchini
2 Karotten
1 Stange Lauch
200 g Kartoffeln
2 EL Butter
750 ml Hühnerbrühe

150 ml trockener Weißwein
2 EL Crème fraîche
1 TL Senfmehl
2 EL mittelscharfer Senf
Muskat
Salz
Pfeffer

Zubereitung

1. Die Zucchini abwaschen, die Karotten putzen und schälen. Den Lauch putzen, längs halbieren und unter fließendem Wasser waschen. Die Kartoffeln schälen und in Würfel schneiden. Das vorbereitete Gemüse grob zerkleinern.

2. Die Butter in einem Topf schmelzen, das Gemüse darin anbraten. Mit der Hühnerbrühe aufgießen. Die Kartoffeln zugeben und alles so lange kochen, bis die Kartoffeln gar sind.

3. Das Ganze mit einem Pürierstab pürieren. Den Weißwein, das Senfmehl, den Senf und die Crème fraîche unterrühren. Die Suppe dann mit Muskat, Salz und Pfeffer abschmecken.

4. Den Lachs in Streifen schneiden, die Suppe in Teller füllen, den Lachs dazugeben und servieren.

Lachs-Senfsuppe

Rezepte mit fertigem Senf

Zutaten

1 kg fest kochende Kartoffeln
250 g durchwachsener Speck
1 Bund Radieschen
1 Bund Petersilie
1 Salatgurke

150 ml Hühnerbrühe
2 EL Senf
1 TL Senfmehl
Salz

Zubereitung

1. Die Kartoffeln waschen und als Pellkartoffeln kochen.

2. Den Speck in kleine Würfel schneiden. Die Radieschen waschen, putzen und alles Grün entfernen, die Radieschen in Scheiben schneiden. Die Petersilie abbrausen, ausschütteln und hacken. Die Gurke in Scheiben schneiden.

3. Wenn die Kartoffeln gar sind, das Wasser abschütten, die Kartoffeln etwas auskühlen lassen und dann pellen. Anschließend die noch warmen Kartoffeln vorsichtig in Scheiben schneiden.

4. Den Speck in einer Pfanne braten, bis er braun ist.

5. Die Brühe leicht erhitzen und das Senfmehl hineinrühren. Den Speck und den Senf zugeben und mit Salz abschmecken.

6. Die Kartoffeln mit den Radieschen, der Gurke und der Petersilie vermischen. Die Brühe darüber schütten und etwas ziehen lassen.

Pikanter Kartoffelsalat

Rezepte mit fertigem Senf

Zutaten

1 kg Hackfleisch	2 EL getrockneter Majoran
2 altbackene Brötchen	1 Bund Petersilie
1 Zwiebel, 3 Eier	1 EL Senfmehl
600 g Champignons	1 EL Curry
1 kg Kartoffeln	1 EL Butter
300 g Crème fraîche	Salz, Pfeffer
3 EL scharfer Senf	

Zubereitung

1. Die Brötchen in Wasser ca. 3 Minuten einweichen. Die Zwiebel schälen und fein hacken. Die Petersilie abbrausen und hacken. Die Champignons putzen und in Scheiben schneiden. Die Kartoffeln schälen und danach mit dem Gemüsehobel in dünne Scheiben hobeln.

2. Eine Auflaufform ausbuttern. Das Hackfleisch mit den ausgedrückten Brötchen, der Zwiebel, den Eiern, den Kräutern, dem Senfmehl und dem Curry vermischen, mit Salz und Pfeffer kräftig würzen.

3. Abwechselnd die Kartoffeln, die Fleischmasse und die Champignons in dünnen Schichten in die Auflaufform geben. Mit Kartoffeln abschließen.

4. Die Crème fraîche mit dem Senf, Salz und Pfeffer würzen und über die Kartoffeln streichen. Den Auflauf bei 180° C ca. 1 Stunde mit geschlossenem Deckel garen, dann den Deckel entfernen und noch ca. $\frac{1}{2}$ Stunde weitergaren, bis die Oberfläche braun zu werden beginnt.

Kartoffel-Hackfleisch-Auflauf

Rezepte mit fertigem Senf

Zutaten

8 Eier
3 EL Weinessig
1,5 l Wasser
20 g Butter
20 g Mehl

500 ml Hühnerbrühe
1 EL mittelscharfer Senf
1 EL scharfer Senf
Salz
Pfeffer

Zubereitung

1. Die Butter in einem Topf schmelzen, das Mehl darüber stäuben und anschwitzen. Unter Rühren die Brühe zugeben, aufkochen und mit dem Senf, Salz und Pfeffer abschmecken.

2. Ca. 1,5 l Wasser zum Kochen bringen, den Essig hinzufügen. Die Eier aufschlagen, einzeln in eine Kelle oder einen Löffel geben und in das leicht sprudelnde Wasser gleiten lassen. Die Eier etwa 2 Minuten in dem köchelnden Wasser pochieren. Wenn das Eiweiß zu stocken beginnt, es mit einem Esslöffel über das Eigelb ziehen und die Eier weitere 2 Minuten garen. Die Eier aus dem Wasser heben und auf Küchenpapier oder einem Sieb abtropfen lassen.

3. Die Eier mit der Senfsoße servieren.

Als Beilage schmecken Salzkartoffeln sehr gut dazu.

Pochierte Eier in Senfsoße

Rezepte mit fertigem Senf

Zutaten

700 g Kartoffeln
4 Hähnchenfilets
2 Kugeln Mozzarella
1 Dose Tomatenstücke
4 Tomaten
2 EL Olivenöl
1 Bund Basilikum

2 Knoblauchzehen
1 Zwiebel
1 TL Senfmehl
3 EL grober Senf
Salz
Senf

Zubereitung

1. Die Kartoffeln waschen und in reichlich Wasser ca. 20 Minuten gar kochen. Dann abpellen und in Scheiben geschnitten zu den Hähnchenfilets servieren.

2. Während die Kartoffeln kochen, die Zwiebel und den Knoblauch abziehen und fein hacken. Den Mozzarella in Scheiben schneiden. Die Tomaten waschen und in 1 cm große Würfel schneiden. Das Basilikum abbrausen, ausschütteln, die Blätter von den Stielen zupfen und mit einem scharfen Messer in feine Streifen schneiden.

3. Die Hähnchenfilets abbrausen und mit einem Küchentuch trockentupfen.

4. Das Olivenöl in einer Pfanne erhitzen und die Hähnchenfilets von beiden Seiten jeweils 5 Minuten braten. Die Hähnchenfilets aus der Pfanne nehmen und beiseite stellen. Den Knoblauch und die Zwiebel in der Pfanne anbraten. Die Tomatenstücke aus der Dose, die frischen Tomaten, das Senfmehl und das Basilikum hinzugeben, alles ca. 5 Minuten dünsten und mit Salz und Senf abschmecken.

5. Die gebratenen Hähnchenfilets mit dem groben Senf bestreichen und auf die Soße setzen. Den Mozzarella auf den Hähnchenfilets verteilen und die Pfanne mit einem Deckel verschließen. Anschließend etwa 5 Minuten dünsten, bis der Mozzarella geschmolzen ist.

Hähnchenfilets mit Mozzarellahaube

Rezepte mit fertigem Senf

Zutaten

4 Chiccori
1 EL Zucker
1 EL Olivenöl
3 Birnen
100 ml Weißwein
6 Scheiben Toast

100 g Pinienkerne
1 TL Senfmehl
100 ml süße Sahne
3 EL grober Senf
100 g Blauschimmelkäse
Salz, Pfeffer

Zubereitung

1. Die Chiccori putzen und vierteln. Das Toastbrot in 1 cm dicke Würfel schneiden. Die Birnen schälen, das Kerngehäuse entfernen und das Fruchtfleisch in Würfel schneiden. Das Senfmehl und den Senf anschließend in die Sahne einrühren.

2. Die Pinienkerne in einer Pfanne ohne Fett anrösten. Dann die Pinienkerne herausnehmen und die Brotwürfel anrösten.

3. Die Birnen in dem Wein ca. 10 Minuten kochen. Wenn die Birnen weich sind, die Sahne-Senfmischung unterrühren und mit Salz und Pfeffer abschmecken.

4. Das Olivenöl in einer Pfanne erhitzen, den Zucker einstreuen und rühren, bis er geschmolzen ist. Dann die Chiccori darin von allen Seiten braten.

5. Den Blauschimmelkäse zerrupfen und zu den Birnen in die Soße geben. Die Chiccori auf Teller verteilen und mit der Birnen-Senfsoße servieren.

Chiccori mit Birnen-Senfsoße

Rezepte mit fertigem Senf

Zutaten

4 Schweineschnitzel
2 EL scharfer Senf
Salz
Pfeffer
100 g Mehl

3 EL Schlagsahne
1 TL Senfmehl
3 Eier
200 g Paniermehl
Bratfett

Zubereitung

1. Die Schweineschnitzel in je 4 kleine Stücke teilen, salzen, pfeffern und auf beiden Seiten kräftig mit dem Senf bestreichen.

2. Die Eier aufschlagen, verquirlen und mit dem Senfmehl und der Sahne vermischen. Das Mehl, die Ei-Sahne-Mischung und das Paniermehl auf drei Teller verteilen. Die Schnitzel nacheinander im Mehl, in den Eiern und in dem Paniermehl wenden.

3. Das Bratfett in einer Pfanne erhitzen und die Schnitzel darin bei mittlerer Hitze auf beiden Seiten goldbraun braten.

Die Schnitzel kann man sowohl warm als auch kalt essen. Als Beilage passt der Pikante Kartoffelsalat von Seite 26 ganz hervorragend dazu.

Senfschnitzel

Rezepte mit fertigem Senf

Zutaten

4 Hähnchenfilets
1 TL Senfmehl
1 TL Speisestärke
2 EL Olivenöl
250 g frische Champignons
1 frische Ananas

200 g Spargel
70 ml Hühnerbrühe
2 EL scharfer Senf
1 TL Curry
Salz
Pfeffer

Zubereitung

1. Die Hähnchenfilets waschen, das Wasser abstreifen und das Fleisch in Streifen scheiden. Das Fleisch in eine Schüssel geben, mit dem Öl, dem Senfmehl und der Speisestärke vermischen und mit Salz würzen. Etwa eine Stunde marinieren lassen.

2. Die Champignons putzen und in Stücke schneiden. Die Ananas abschälen und in Würfel schneiden. Den Spargel schälen und in 2 cm lange Stücke teilen.

3. Das Fleisch in einen Topf geben und von allen Seiten anbraten. Die Hühnerbrühe angießen. Dann die Champignons, die Ananas und den Spargel zufügen und etwa 10 Minuten köcheln lassen.

4. Das Ganze mit dem Senf, dem Curry, Salz und Pfeffer abschmecken.

Dieses Gericht schmeckt sehr gut mit Zartweizen.

Exotisches Senffleisch

Rezepte mit fertigem Senf

Zutaten

4 Rouladen
4 Scheiben Schinken
200 g Spinat
2 EL grober Senf
2 EL Bratfett
1 Karotte
1 Stange Lauch

1 Bund gemischte Kräuter
50 g Grau- oder Schwarzbrot
400 ml Wasser
1 TL Senfmehl
Salz
Pfeffer

Zubereitung

1. Den Spinat putzen, waschen und in kochendem Wasser kurz blanchieren. Aus dem Wasser nehmen und auslegen.

2. Die Karotte und den Lauch putzen und grob zerkleinern. Den Bund Kräuter abbrausen.

3. Die Rouladen auf einem Küchenbrett ausbreiten und mit dem groben Senf bestreichen. Dann den Schinken darüber geben. Die Spinatblätter auf den Schinken legen. Nun die Rouladen fest zusammenrollen und mit einem Bindfaden sichern. Mit Salz und Pfeffer von außen würzen.

4. Das Bratfett in einem Bräter erhitzen, die Rouladen von allen Seiten darin anbraten. Das Gemüse, das Brot und den Kräuterstrauß zugeben und mit dem Wasser auffüllen. Die Rouladen im Backofen ca. 1 Stunde bei 180° C braten.

5. Das Fleisch aus dem Bräter nehmen und die Soße durch ein Sieb in einen anderen Topf abgießen. Das Senfmehl einrühren und die Soße mit Salz und Pfeffer abschmecken.

6. Die Rouladen auf Spätzlenudeln servieren.

Pikante Rouladen

Rezepte mit fertigem Senf

Zutaten

200 g Reis
8 Spitzpaprika
400 g Hackfleisch
1 Zwiebel
2 Knoblauchzehen
1 EL Olivenöl
1 TL Senfmehl

2 EL Butter
2 EL Mehl
200 ml Hühnerbrühe
2 EL scharfer Senf
Salz
Pfeffer

Zubereitung

1. Den Reis nach Packungsanweisung kochen und dann abschütten.

2. Die Zwiebel und die Knoblauchzehen abpellen und fein hacken. Von den Spitzpaprika den Deckel abschneiden und vorsichtig das Kerngehäuse entfernen.

3. Das Öl in einer Pfanne erhitzen und das Hackfleisch darin anbraten. Wenn es leicht braun wird, die Zwiebel und den Knoblauch zufügen und so lange braten, bis die Zwiebelwürfel glasig sind. Das Hackfleisch mit dem Senfmehl und dem Reis vermischen. Die Masse mit Salz und Pfeffer abschmecken. Die Hackfleisch-Reismasse in die vorbereiteten Spitzpaprika füllen.

4. Die Butter in einem Topf erhitzen und die gefüllten Paprika von allen Seiten darin anbraten. Mit der Hühnerbrühe aufgießen und alles ca. 15 Minuten köcheln lassen.

5. Die Paprika aus der Brühe nehmen und warm stellen. Das Mehl mit etwas Brühe aus dem Topf glatt rühren und die Brühe in dem Topf damit andicken. Einmal aufkochen lassen, den Senf einrühren und die Soße mit Salz und Pfeffer abschmecken.

Gefüllte Spitzpaprika mit Senfsoße

Rezepte mit fertigem Senf

Zutaten

700 g Rinderherz
1 Zwiebel
1 Bund Frühlingszwiebeln
2 EL Bratfett
100 ml Rinderbrühe

1 Becher saure Sahne
2 EL scharfer Senf
1 EL grober süßer Senf
Salz
Pfeffer

Zubereitung

1. Das Rinderherz in Würfel schneiden, eventuell vorhandenes Fett oder Sehnen entfernen. Die Frühlingszwiebeln putzen und in Stücke schneiden. Die Zwiebel abpellen und fein hacken.

2. Das Bratfett in einem Topf erhitzen, die Herzstücke ca. 10 Minuten darin braten. Die Zwiebelwürfel hinzufügen, kurz mit anbraten, dann die Brühe zugeben und weitere 10 Minuten köcheln lassen.

3. Die Sahne, den Senf und die Frühlingszwiebeln unterrühren. Mit Salz und Pfeffer abschmecken.

Servieren Sie das Rinderherz mit Spätzle.

Rinderherz
in Senfsahnesoße

Rezepte mit fertigem Senf

Zutaten

600 g Zucchini
1 Zwiebel
2 Knoblauchzehen
2 EL Olivenöl

500 ml lieblicher Weißwein
3 Eigelb
2 EL mittelscharfer Senf
Salz, Pfeffer

Zubereitung

1. Die Zucchini waschen und in Scheiben schneiden. Die Zwiebel und die Knoblauchzehen abpellen und fein hacken.

2. Das Olivenöl in einem Topf erhitzen, die Zwiebel und den Knoblauch darin anbraten. Die Zucchinischeiben hinzufügen und so lange darin braten, bis die Scheiben braune Stellen bekommen. Dann mit 2 bis 3 Esslöffeln Wasser aufgießen und die Zucchini gar dünsten.

3. Einen Topf mit etwas Wasser füllen und erhitzen. Einen passenden zweiten Topf oder eine Schlagschüssel in den Wassertopf setzen; er darf mit dem Wasser nicht in Berührung kommen.

4. Die Eigelbe in die Schüssel geben und ständig mit einem Schneebesen rühren. Die Eier müssen warm werden, aber nicht heiß. Dann den Weißwein und den Senf unterschlagen, bis sich die Masse in etwa verdreifacht hat. Die fertige Soße mit Salz und Pfeffer abschmecken.

5. Die Zucchini auf Tellern anrichten und die Senfsabayon darüber geben.

Zucchini mit Senfsabayon

Rezepte mit fertigem Senf

Zutaten

1 große Lachsforelle
1 Bund Dill
150 g Zucker, 100 g Salz
1 EL Korianderkörner
2 EL weiße Senfkörner
1 TL weißer Pfeffer
Alufolie

Für die Soße:
3 EL Waldhonig
3 EL mittelscharfer Senf
1 TL weiße Senfkörner
1 TL Schinusfrüchte (roter Pfeffer)
½ Bund Dill
Salz, Pfeffer

Zubereitung

1. Die Lachsforelle waschen, säubern und filetieren, aber nicht häuten! Alle Gräten entfernen und die Filets in den Kühlschrank stellen.

2. Den Dill waschen, ausschütteln und grob hacken. Die Korianderkörner und die Senfkörner mit einem breiten Messer zerdrücken. Dann eine Mischung aus Zucker, Salz, Dill, Pfeffer, Koriander- und Senfkörnern herstellen.

3. Ein ausreichend großes Stück Alufolie auf eine Platte legen und etwas von der Mischung auf die Folie geben. Darauf eine Hälfte der Lachsforelle legen, sodass die Hautseite nach unten kommt. Einen großen Teil der Mischung auf das Filet verteilen, das zweite Filet darauf legen. Den Rest der Mischung auf das zweite Filet geben und den Fisch dann fest mit der Alufolie einschlagen. Das Ganze kommt für ca. 2 bis 3 Tage an einen kühlen Ort (sollten Sie so einen nicht haben, verwenden Sie den Kühlschrank). Ab und zu den austretenden Saft abgießen.

4. Den roten Pfeffer mit den Senfkörnern grob zerstoßen. Den Dill abbrausen, ausschütteln, die Blätter von den Stielen zupfen und mit einem scharfen Messer zerkleinern. Den Honig mit dem Senf vermischen und die zerstoßenen Senf- und Pfefferkörner mit dem Dill unterziehen. Die Soße mit Salz und Pfeffer abschmecken.

Zum Servieren wird die Forelle mit einem scharfen Messer in dünne Scheiben geschnitten. Das Ganze können Sie auch mit einer ganzen Seite Lachs herstellen. Einfach den Lachs in der Mitte halbieren und dann weiter wie oben beschrieben.

Gebeizte Forelle mit Honig-Senf-Soße

Rezepte mit fertigem Senf

Zutaten

10 Eier
2 EL Majonäse
2 EL mittelscharfer Senf
Sahne
Salz, Pfeffer

Zum Garnieren:
Radieschen, Schnittlauch
grober Senf
grobes Paprikapulver
Fischrogen

Zubereitung

1. Die Eier 10 Minuten kochen. Hart gekochte Eier schälen und mit einem scharfen Messer halbieren. Das Eigelb herausnehmen und in eine Schüssel geben. Die leeren Eihälften auf einen Teller legen.

2. Die Majonäse und den Senf zu den Eigelb geben. Mit einem Schneebesen alles zu einer cremigen Masse verrühren. Sollte die Eimasse zu steif sein, mit ein oder zwei Esslöffeln Sahne cremiger machen. Die Eicreme mit Salz und Pfeffer abschmecken.

3. Die Masse in einen Spritzbeutel geben und die Eihälften damit füllen.

4. Die gefüllten Eier mit Radieschen, Schnittlauch, grobem Senf, grobem Paprikapulver und Fischrogen garnieren.

Gefüllte Eier

Rezepte mit fertigem Senf

Zutaten

300 g Fleischwurst
300 g Blutwurst
200 g Emmentaler Käse
150 g Cocktailtomaten
1 Kopf Salat
1 Becher saure Sahne

2 EL grober Senf
1 TL Zucker
1 EL Weinessig
Salz
Pfeffer

Zubereitung

1. Die Fleisch- und Blutwurst in mundgerechte Stücke schneiden. Den Käse in Streifen schneiden. Die Cocktailtomaten halbieren, größere vierteln. Den Salat putzen, waschen und abtropfen lassen.

2. Wurst, Käse und Tomaten miteinander vermischen.

3. Die Sahne in eine Schüssel geben, den Senf, den Essig und den Zucker unterrühren. Die Soße mit Salz und Pfeffer abschmecken.

4. Den Blattsalat auf Teller verteilen, die Wurst-Käse-Mischung darauf geben und mit der Soße beträufeln.

Wurst-Käse-Salat

Rezepte mit fertigem Senf

Zutaten

800 g Fischfilet (z. B. Kabeljau, Rotbarsch oder Seelachs)
Saft von ½ Zitrone
3 EL mittelscharfer Senf
2 Zwiebeln, 4 Fleischtomaten
je eine rote, gelbe und grüne Paprikaschote

1 EL Butter
1 Bund gemischte Kräuter
2 Eier, 100 g süße Sahne
100 g Crème fraîche
1 TL Senfmehl
100 g geriebener Käse
Salz, Pfeffer

Zubereitung

1. Die Fischfilets waschen und trocken-tupfen. Die Zitrone auspressen, die Filets mit dem Saft beträufeln und dann mit dem Senf bestreichen.

2. Die Zwiebeln abziehen und in feine Ringe schneiden. Die Tomaten waschen, kreuzförmig einschneiden und mit kochendem Wasser übergießen. Die Haut abziehen und die Tomaten in Scheiben schneiden. Die Paprikaschoten waschen, halbieren und von Stielen, Kernen und weißen Innenstegen befreien. Das Frucht-fleisch in Streifen schneiden.

3. Eine feuerfeste Form mit Butter fetten und die Filets hineinlegen. Den Fisch mit dem Gemüse bedecken.

4. Die Kräuter waschen und trocken-schütteln. Die Blättchen abzupfen und fein hacken. Die Eier, die Sahne, die Crème fraîche, das Senfmehl und die gehackten Kräuter miteinander verrühren. Mit Salz und Pfeffer kräftig würzen. Die Mischung über das Gemüse geben. Mit dem geriebenen Käse bestreuen.

5. Den Auflauf im vorgeheizten Backofen bei 180° C etwa 1 Stunde garen.

Rezepte mit fertigem Senf

Zutaten

4 Dorschfilets
1 Zitrone
3 EL grober Senf
1 Bund gemischte Kräuter

100 g geriebener Käse
1 kg frischer Spinat
Muskat
Salz, Pfeffer

Zubereitung

1. Die Fischfilets waschen, das Wasser abstreifen. Von der Zitrone die Schale abraspeln, die Zitrone auspressen und den Fisch mit dem Saft beträufeln.

2. Die Kräuter abbrausen, ausschütteln, grob hacken und in eine Schüssel geben. Die Zitronenschale, den Käse und den Senf unterrühren. Die Masse mit Salz und Pfeffer würzen.

3. Den Spinat putzen, waschen und gleich in einen erhitzten Topf geben. Dann so lange rühren, bis er zusammengefallen ist. Den Spinat mit Muskat, Salz und Pfeffer abschmecken.

4. Die Kräutersenfpaste auf den Dorschfilets verteilen. Den Spinat in eine Auflaufform geben, die Dorschfilets darauf setzen und im vorgeheizten Backofen bei 180° C ca. 10 Minuten backen.

Servieren Sie dazu Kartoffeln.

Dorsch mit Kräutersenfkruste

Rezepte mit fertigem Senf

Zutaten

4 Forellen
2 Knoblauchzehen
1 Bund Petersilie
1 EL Senfkörner
4 EL mittelscharfer Senf
4 EL Mehl

2 EL Butter
1 Zitrone
Dillzweige
Salz
Pfeffer

Zubereitung

1. Die Forellen unter fließendem Wasser abwaschen und abtropfen lassen.

2. Die Knoblauchzehen abpellen und fein hacken. Die Petersilie abbrausen, grob hacken und in eine Schüssel geben. Petersilie, Knoblauch, Senfkörner und zwei Esslöffel Senf miteinander vermischen. Die Masse in die Forellen füllen.

3. Die Forellen mit dem restlichen Senf bestreichen und in Mehl wenden.

4. Die Butter in einer Pfanne schmelzen und die Forellen langsam bei mäßiger Hitze darin braten. Wenn die Forellen schön braun sind, aus der Pfanne nehmen, auf Tellern anrichten. Dann mit Zitronenscheiben und Dill garnieren und mit Kartoffelsalat servieren.

Gefüllte Forelle

Rezepte mit fertigem Senf

Zutaten

3 mittelgroße frische Aale
1 Bund Stangensellerie
300 g Karotten
1 Zwiebel
300 ml trockener Weißwein

1 EL Senfkörner
2 EL scharfer Senf
Salz
Pfeffer

Zubereitung

1. Den Aal küchenfertig machen und in Stücke schneiden. Den Stangensellerie putzen, waschen und in ½ cm dicke Stücke schneiden. Die Karotten schälen und in Stifte schneiden. Die Zwiebel abpellen und fein hacken.

2. Das Öl in einem Topf erhitzen. Die Zwiebel und das Gemüse darin anbraten. Mit dem Weißwein aufgießen, die Senfkörner zugeben, die Aalstücke auf das Gemüse setzen und bei geschlossenem Deckel etwa 10 Minuten köcheln.

3. Die Aalstücke aus dem Topf nehmen, den Senf unter das Gemüse rühren und das Ganze mit Salz und Pfeffer abschmecken.

4. Das Gemüse auf Teller verteilen, die Aalstücke darauf legen und mit Kartoffeln servieren.

Den Aal küchenfertig machen heißt: Den Aal waschen, vor allem die Bauchhöhle säubern. Dann mit einem scharfen Messer am Kopf hinter der ersten Flosse die Haut rundherum einschneiden. Die Haut mit den Fingern etwas lösen und dann mit einem Zug von dem ganzen Aal abziehen.

Aal auf Gemüse-Senfsoße

Kochen mit ganzen Senfkörnern

Zutaten

3 Zwiebeln
1 Stange Lauch
1 Karotte
½ Knollensellerie
1 TL schwarze Pfefferkörner
1 EL weiße Senfkörner
100 g Suppenknochen

400 g Suppenfleisch
175 g Mehl, 2 Eier
1 TL Senfmehl
4 Kartoffeln
½ Bund Petersilie
2 EL Butter
Salz, Pfeffer

Zubereitung

1. Eine Zwiebel abziehen und halbieren. Den Lauch putzen, waschen und in 2 bis 3 Stücke schneiden. Die Karotte und den Sellerie schälen, waschen und grob in Stücke schneiden. Die Kartoffeln waschen, schälen und in grobe Stücke schneiden.

2. Das Gemüse, die Senfkörner, die Pfefferkörner, 1 TL Salz, das Suppenfleisch und die Suppenknochen in einem Topf mit 2 Litern Wasser zum Kochen bringen. Die Hitze reduzieren und das Fleisch 2 Stunden köcheln.

3. Das Mehl, die Eier, 1 TL Salz, das Senfmehl und 200 ml Wasser zu einem nicht zu zähen Teig rühren. Anschließend den Teig portionsweise mit dem Spätzlehobel in reichlich kochendes Salzwasser hobeln. Die Spätzle jeweils

nach 2 bis 3 Minuten mit dem Schaumlöffel herausheben und abtropfen lassen.

4. Das Fleisch aus der Brühe nehmen und beiseite stellen. Die Brühe durch ein Sieb gießen und auffangen. Gemüse und Suppenknochen wegwerfen. Die Brühe zum Kochen bringen, die Kartoffeln darin gar kochen.

5. In der Zwischenzeit das Fleisch in Würfel schneiden. Die Petersilie waschen, trockenschütteln und hacken. Die verbliebenen Zwiebeln abziehen und in Ringe schneiden. Butter in einer Pfanne zerlassen und die Zwiebelringe darin bräunen.

6. Die Fleischwürfel, die Spätzle und die Petersilie zu den Kartoffeln in die Brühe geben. Die Suppe mit Senf, Salz und Pfeffer abschmecken und mit den Zwiebelringen servieren.

Leckere Spätzlesuppe

Kochen mit ganzen Senfkörnern

Zutaten

700 g Karotten
1 Bund Koriander
100 ml Wasser
½ TL Senfmehl
3 EL Senfkörner

100 g Butter
1 EL Olivenöl
Salz
Pfeffer
1 Prise Zucker

Zubereitung

1. Die Karotten schälen und in dünne Scheiben schneiden. Den Koriander abbrausen, ausschütteln, die Blätter von den Stielen zupfen und grob hacken.

2. Das Olivenöl in einem Topf erhitzen und die Karotten darin andünsten.

3. Das Senfmehl mit dem Wasser zu den Karotten geben und ca. 15 Minuten dünsten. ⅔ des Korianders unter die Karotten rühren und das Ganze mit Salz, Zucker und Pfeffer abschmecken.

4. Die Butter in einem Topf schmelzen, erhitzen, bis sich Schaum bildet und die Butter zischt. Den Schaum mit einem Löffel abschöpfen. Die Senfkörner in die Butter geben und ca. 10 Minuten braten. Den restlichen Koriander hinzugeben, verrühren und die Senfbutter zu dem Karottengemüse servieren.

Karottengemüse

Kochen mit ganzen Senfkörnern

Zutaten

750 g Früchte (Mango, Äpfel, Birnen, Ananas, Bananen usw.)
1 EL Senfkörner
1 TL Senfmehl
150 ml Wasser
80 ml Obstessig
400 g brauner Zucker

4 Rindersteaks
1 TL Honig
1 EL Senfkörner
1 TL Sambal Oelek
2 EL Bratfett
Salz
Pfeffer

Zubereitung

1. Das Wasser mit dem Essig, dem Zucker, den Senfkörnern und dem Senfmehl aufkochen.

2. Die Früchte waschen, putzen und in mundgerechte Stücke schneiden. Den noch heißen Sud über die Früchte gießen. Die so marinierten Früchte ca. 2 Stunden ziehen lassen.

3. Aus dem Honig, den Senfkörnern, dem Sambal Oelek, Salz und Pfeffer eine Paste herstellen. Den Rand der Steaks damit einreiben. Das Bratfett in einer Pfanne erhitzen, die Steaks darin von beiden Seiten etwa 4 Minuten braten.

4. Die Senffrüchte mit den Steaks zusammen servieren.

Senffrüchte mit Gewürzsteak

Rezepte mit Senfmehl

Zutaten

500 g Schweinebauchfleisch
1 l Wasser
1 TL Senfkörner
1 Lorbeerblatt
2 Nelken
3 Pimentkörner
1 TL Pfefferkörner

200 g Bohnen
200 g Karotten
1 TL Senfmehl
2 Stängel Liebstöckel
Salz
Pfeffer

Zubereitung

1. Den Schweinebauch mit dem Wasser in einen Topf geben.

2. Die Senfkörner, das Lorbeerblatt, die Nelken, die Pimentkörner und die Pfefferkörner zugeben. Das Fleisch ca. 1 Stunde darin kochen.

3. Die Bohnen putzen und grob zerkleinern. Die Karotten schälen und in mundgerechte Stücke schneiden.

4. Das Fleisch aus dem Topf nehmen und in Würfel schneiden. Die Brühe durch ein Sieb in einen anderen Topf gießen. Die Bohnen und die Karotten in die Brühe geben und ca. 10 Minuten kochen. Kurz bevor das Gemüse gar ist, den Liebstöckel zugeben, das Senfmehl einrühren und die Suppe mit Salz und Pfeffer abschmecken.

5. Das Bauchfleisch unter die Suppe ziehen und servieren.

Senfgemüsesuppe

Rezepte mit Senfmehl

Zutaten

1 kg Kartoffeln
150 ml Milch
½ TL Senfmehl
1 Eigelb
1 Endiviensalat
200 g durchwachsener Speck

1 EL Öl
1 EL mittelscharfer Senf
2 EL Zucker
70 ml Balsamicoessig
Muskat
Salz, Pfeffer

Zubereitung

1. Die Kartoffeln schälen und in Salzwasser gar kochen. Die Milch in einem Topf etwas erhitzen, das Eigelb und das Senfmehl hinzugeben. Die Milch mit Salz, Pfeffer und Muskat kräftig abschmecken.

2. Den Salat putzen, waschen und in Streifen schneiden. Den Speck klein würfeln.

3. Das Öl in einer Pfanne erhitzen und den Speck darin braten. Wenn er schön braun ist, den Zucker darüber streuen und so lange rühren, bis er geschmolzen ist. Den Speck mit dem Essig ablöschen, den Senf einrühren und das Ganze mit Pfeffer würzen.

4. Die Kartoffeln abschütten, durch eine Presse drücken und mit der Milchmischung zu Kartoffelpüree verarbeiten, mit Salz, Muskat und Pfeffer abschmecken. Das Kartoffelpüree auf Tellern anrichten, den Salat darauf geben und mit der Soße beträufeln.

Senf-Kartoffelpüree mit Salat

Rezepte mit Senfmehl

Zutaten

500 g grüne Bohnen	1 l Fleischbrühe
2 l Wasser	1 TL Senfmehl
750 g Lammfleisch	etwas Majoran
4 EL Olivenöl	1 EL mittelscharfer Senf
2 Zwiebeln, 2 Kartoffeln	½ EL Essig
2 Karotten, 2 Stangen Lauch	Salz
4 EL Butter	Pfeffer

Zubereitung

1. Die Bohnen waschen, putzen und in kochendem Salzwasser ca. 3 Minuten blanchieren. Dann die Bohnen durch ein Sieb abschütten, mit kaltem Wasser abschrecken und beiseite stellen.

2. Das Fleisch waschen, abtrocknen und in Würfel schneiden. Die Zwiebeln schälen und klein hacken. Die Kartoffeln und die Karotten schälen und würfeln. Den Lauch putzen, längs halbieren, abbrausen und in Ringe schneiden.

3. Das Öl in einer Pfanne erhitzen und die Fleischwürfel darin kross anbraten.

4. Die Butter in einem weiten Topf schmelzen und nach und nach die Zwiebeln, den Lauch, die Karotten und die Kartoffeln hineingeben, andünsten und mit Majoran würzen.

5. Das Fleisch zu dem Gemüse in den Topf geben und gut unterrühren. Zum Schluss die Bohnen in den Eintopf geben und nochmals umrühren.

6. Mit der Fleischbrühe angießen, das Senfmehl zugeben und mit geschlossenem Deckel ca. 30 bis 40 Minuten köcheln lassen, bis das Fleisch weich ist. Mit Senf, Essig, Salz und Pfeffer abschmecken.

Grüner Bohneneintopf

Rezepte mit Senfmehl

Zutaten

8 Matjesfilets
1 Bund Frühlingszwiebeln
2 rote Paprikaschoten
1 EL Senfmehl

1 Becher Crème fraîche
1 EL Zucker
2 EL Weißweinessig
Salz

Zubereitung

1. Die Matjesfilets in mittelgroße Stücke schneiden. Die Frühlingszwiebeln putzen und in Röllchen schneiden. Die Paprikaschoten waschen, halbieren, das Kerngehäuse entfernen und das Fruchtfleisch in feine Würfel schneiden. Alles in eine Schüssel geben und miteinander vermischen.

2. Die Crème fraîche in eine Schüssel geben, das Senfmehl, den Zucker und den Essig unterrühren und mit Salz abschmecken.

3. Die Soße mit dem Salat verrühren und servieren.

Versuchen Sie zu diesem Salat doch auch mal folgende Soße:

4 EL fettarme Majonäse
1 EL ganze weiße Senfkörner
2 EL süße Sahne
1 TL Zucker
1 Prise Salz

Alles miteinander vermischen und ca. 1 Stunde ziehen lassen.

Rezepte mit Senfmehl

Zutaten

800 g Nudeln (z. B. Rigatoni)
600 g gekochter Schinken
400 g Gouda
7 Eier
1 TL Senfmehl

2 EL Senf
1 Bund Basilikum
1 EL Butter
Salz
Pfeffer

Zubereitung

1. Die Nudeln in reichlich Salzwasser bissfest kochen.

2. Den Schinken in Würfel schneiden, das Basilikum abbrausen, die Blätter von den Stielen zupfen und grob hacken.

3. Die Eier in einer Schüssel aufschlagen, mit dem Schinken, dem Basilikum, dem Senfmehl, dem Senf und der Hälfte des Käses vermischen, mit Salz und Pfeffer kräftig abschmecken.

4. Die Nudeln mit der Ei-Schinken-Käsemasse vermischen. Eine Auflaufform mit Butter ausstreichen, die Nudeln darin verteilen. Bei geschlossenem Deckel ca. 15 Minuten bei 180° C im Backofen garen. Den Deckel abnehmen, den restlichen Käse über die Nudeln streuen und weitere 7 Minuten ohne Deckel im Ofen lassen, bis der Käse goldbraun ist.

Nudeln al Forno

Rezepte mit Senfmehl

Zutaten

500 g Hackfleisch
1 Zwiebel
1 Ei
2 EL grober süßer Senf
1 Bund Petersilie
2 EL Paniermehl

2 EL Pflanzenöl
2 Bund Mangold
50 ml Wasser
1 Becher Crème fraîche
1 EL Senfmehl
Salz, Pfeffer

Zubereitung

1. Die Zwiebel schälen und fein hacken. Die Petersilie abbrausen, die Blätter von den Stielen zupfen und hacken. Den Mangold putzen, waschen, die Blätter in Streifen und die Stiele in dünne Stifte schneiden.

2. Das Hackfleisch in eine Schüssel geben und mit der Zwiebel, dem Ei, dem Paniermehl, der Petersilie und dem Senf vermischen. Die Fleischmasse mit Salz und Pfeffer abschmecken. Aus der Masse Bällchen formen.

3. Das Öl in einer Pfanne erhitzen und die Fleischbällchen darin ausbraten.

4. Den Mangold mit dem Wasser in einen Topf geben und bei geringer Hitze ca. 8 Minuten dünsten. Die Crème fraîche mit dem Senfmehl unterrühren und das Ganze mit Salz und Pfeffer abschmecken.

5. Die Fleischbällchen auf dem Mangold servieren.

Fleischbällchen auf Mangold

Rezepte mit Senfmehl

Zutaten

8 Forellenfilets
1 Kopf Endiviensalat
1 Becher Crème fraîche
1 EL Sahnemeerrettich

1 TL Senfmehl
Salz
Pfeffer

Zubereitung

1. Von dem Endiviensalat den Strunk entfernen, die Blätter lösen und in kaltem Wasser waschen. Den Salat abtropfen lassen und dann in ½ cm dicke Streifen schneiden.

2. Die Crème fraîche mit dem Sahnemeerrettich und dem Senfmehl vermischen. Die Soße etwas ziehen lassen, bis sich die nötige Schärfe gebildet hat. Dann die Soße mit Salz und Pfeffer abschmecken.

3. Den Salat auf Tellern anrichten, je 2 Forellenfilets darauf setzen, die Soße darüber träufeln und servieren.

Diese Senfsoße passt auch zu anderen Räucherfischen, wie z. B. Makrele, Aal, Schillerlocken usw.

Geräucherte Forelle mit Senfsoße

Rezepte mit Senfmehl

Zutaten

300 g Mehl
20 g Hefe
⅛ l Milch
1 EL Senfmehl
40 g Butter
4 Eier
1,5 kg Zwiebeln

50 g Räucherspeck
200 g saure Sahne
2 EL scharfer Senf
1 TL Kümmel
60 g Butter
Salz
Butter zum Ausfetten

Zubereitung

1. Das Mehl in eine Schüssel sieben und eine Mulde in die Mitte drücken. Die Hefe zerbröckeln und mit der Hälfte der lauwarmen Milch verquirlen. Die Milch in die Mulde gießen. Mit etwas Mehl vom Rand einen breiigen Vorteig bereiten. Zugedeckt 20 Minuten an einem warmen Platz gehen lassen.

2. Die Butter in Flöckchen, ein Ei, das Senfmehl und eine Prise Salz in die Schüssel zu dem Vorteig geben. Alles miteinander verkneten. Dabei nach und nach die restliche Milch zugeben, bis ein geschmeidiger Teig entsteht. Zugedeckt 30 Minuten gehen lassen.

3. Die Zwiebeln abziehen und in Ringe schneiden. Die Butter in einem Topf zerlassen und die Zwiebeln darin bei geringer Hitze glasig dünsten.

4. Den Speck würfeln und ohne Fett knusprig braten. Die restlichen Eier, die Sahne, den Senf, die Speckwürfel, 1 Prise Salz und den Kümmel verrühren. Die Zwiebeln zugeben und unterheben.

5. Den Teig kräftig durchkneten und zu einer Kugel formen. Zu einem Teigkreis ausrollen und in eine gefettete Springform geben. Den Rand hochziehen, andrücken und den Teig mit einer Gabel mehrmals einstechen. Die Zwiebelmasse in die Form geben und den Kuchen im vorgeheizten Backofen bei 180° C etwa 40 bis 50 Minuten backen.

6. Den Kuchen aus der Springform lösen, in Stücke schneiden und noch warm servieren.

Register

© 2004 SAMMÜLLER KREATIV GmbH

Genehmigte Lizenzausgabe
EDITION XXL GmbH
Fränkisch-Crumbach 2004
www.edition-xxl.de

Küche und Fotos: G. Poggenpohl, Wismar
Foodstyling: Caterina Marx
Layout: Mathias Weil
Satz: Henrik Stürzebecher

ISBN 3-89736-095-0